AF495507

Réponse

AUX

LETTRES DE M. CIVIALE

SUR

LA LITHOTRITIE,

PAR LEROY, D'ÉTIOLLES,
DOCTEUR EN MÉDECINE.

PARIS,
J.-B. BAILLIÈRE,
LIBRAIRE DE L'ACADÉMIE ROYALE DE MÉDECINE,
RUE DE L'ÉCOLE-DE-MÉDECINE, N° 13 BIS.

1831.

RÉPONSE

AUX LETTRES DE M. CIVIALE

SUR

LA LITHOTRITIE.

Après avoir lu la troisième lettre de M. Civiale sur la Lithotritie, je me suis demandé si je ferais une réponse, ou si je garderais le silence ainsi que je l'avais fait pour les deux lettres précédentes. Ai-je en effet besoin de violenter ma paresse et de me jeter au milieu de discussions fastidieuses, lorsque tous les hommes qui écrivent sur cette matière depuis quelques années, tels que M. S. Cooper, Sanson, Heurteloup, Rigal, Tanchou, se chargent de défendre ma cause et de proclamer mes droits à l'invention du premier appareil qui a rendu la lithotritie applicable à l'homme, c'est-à-dire de la pince à trois branches et de ses annexes. M. Civiale appelle cela de la *camaraderie* scientifique, et dans ce mot il comprend jusqu'aux rapports de l'Académie des sciences qui ont infirmé les désignations adoptées par Percy en 1824. Une telle camaraderie me semblerait très honorable, mais il n'est pas permis de supposer sans injure que les opinions des hommes dont parle M. Civiale, et les décisions de l'Académie, aient été dictées par un autre sentiment que la conviction. Fort de l'appui de ces décisions, prises à l'occasion des prix Monthyon en 1825, 1826 et 1828, je pourrais me rire des efforts de M. Civiale, et ne pas m'occuper plus de la nouvelle lettre que de celles qui l'ont précédée. Mais puisqu'il prétend que le silence que m'avait inspiré le dédain, n'est que le résultat de l'absence de bonnes raisons, je me détermine à lui faire une courte réponse, et à la faire aujourd'hui même; car si j'attendais à demain, peut-être l'ennui et le dégoût que me causent de semblables discussions l'emporteraient, et je ne l'écrirais pas.

M. Civiale prétend se faire un titre de l'offre que je lui fis en 1824 de publier en commun le fruit de nos travaux sur la lithotritie. Il conclut de cette démarche que j'avais bien peu de confiance dans la valeur de mes droits à l'invention de cette méthode, puisque je lui offrais le partage. Lorsque j'ai fait cette proposition à M. Civiale, je prévoyais la triste polémique à laquelle sept années n'ont pu encore mettre fin; et j'espérais l'éviter par une fusion de nos prétentions et de nos travaux. L'Académie des sciences en décidant trois fois solennellement en ma faveur la question de l'invention, s'est chargée de montrer à M. Civiale qu'il y avait au moins de la modération dans ma démarche; et les années qui se sont écoulées depuis lors, ont pu faire connaître lequel apportait dans ce fonds commun le plus d'avenir.

M. Civiale écrit pag. 166 de sa lettre : « M. Leroy » m'a encore proposé deux autres moyens d'en » finir : le partage ne m'ayant pas convenu : l'un » consistait à nommer des arbitres; mais il ne » s'agissait pas d'un mur mitoyen : l'autre était » beaucoup plus sérieux ; M. Leroy ne voyait d'au- » tre moyen de mettre fin au combat qu'en faisant » disparaître l'un des combattans ; manière étrange » d'établir ses droits à une découverte. » M. Civiale dit vrai, je lui ai proposé ces deux manières d'en finir, puisqu'il refusait d'admettre comme définitifs les jugemens de l'Académie des sciences en 1825 et 1826. J'avais pensé que des arbitres pourraient après un examen attentif des pièces mettre fin à toute contestation par une sentence à laquelle chacun de nous aurait pris l'obligation de souscrire; l'arbitrage est quelquefois appelé à décider non pas seulement de la mitoyenneté d'un mur, comme le dit avec tant de finesse M. Civiale, mais des intérêts les plus graves, les plus divers, et personne, lorsqu'il a confiance dans son droit, ne doit craindre de s'y soumettre.

Le dernier moyen que j'avais proposé à M. Civiale pour terminer nos querelles était, comme il le dit, beaucoup plus sérieux, mais il était aussi beaucoup plus certain qu'aucun autre. Si j'avais débuté par celui-là, on pourrait trouver avec M. Civiale que c'est « une manière étrange d'établir ses droits à une découverte. » Mais si l'on considère que cette provocation eut lieu en 1827, après peux décisions de l'Académie des sciences qui tranchaient la question en ma faveur, on n'y verra pas un acte de violence pour faire admettre d'injustes prétentions, mais l'action d'un homme qui, après avoir épuisé tous les moyens d'accommodement, après avoir vaincu par la raison et le bon droit, est réduit à cette *ultima ratio* pour obtenir que son adversaire renonce à des prétentions jugées inadmissibles; d'un homme qui, répugnant à soutenir une discussion dans laquelle apparaissent des faits qui intéressent plus ou moins directement l'honneur, ne veut souffrir aucune insinuation qui pourrait attaquer le sien. J'étais loin, au surplus, de croire que ce serait M. Civiale qui publierait cette circonstance, et qu'il se ferait gloire de ce que tout autre aurait pris soin de cacher.

Je n'ai point à examiner à qui, de M. Civiale ou de moi, appartient l'idée première de la lithotritie. Si j'affirmais que, pour ma part, j'ignorais que d'autres y eussent songé avant moi, je dirais une chose vraie; mais je n'aurais pas le droit d'exiger que l'on ajoutât foi à mes paroles, puisque plusieurs auteurs avaient conçu la possibilité de briser les calculs vésicaux ; puisque Haller, entre autres, imaginant la lithotritie tout en la jugeant impraticable, avait parlé d'un instrument pour briser la pierre, lui supposant une destination que Sanctorius son auteur n'avait point songé à lui donner. Il s'agit seulement de savoir quel est l'inventeur des instrumens qui les premiers ont rendu le broiement de la pierre praticable, c'est-à-dire quel est l'inventeur de la pince à trois branches et ses annexes. Pour faire prendre le change, M. Civiale ne parle jamais, lorsqu'il est question de mes appareils, que de l'instrument à ressorts de montre, présenté à l'Académie de chirurgie en 1822, dont les défauts sont tels qu'il serait impossible d'en faire usage sur le vivant avec quelque chance de succès ; mais cet instrument n'est pas le seul que j'aie imaginé et publié : j'ai présenté à cette même société savante, au mois d'avril 1823, un appareil composé d'une pince à trois branches élastiques, d'un foret simple, d'un foret évideur, d'un étau à main, d'un archet, d'une pince à écraser les fragmens. Voilà un fait positif et qu'il est facile de constater par la lecture du mémoire de 1823 qui existe dans les cartons de l'Académie, et que je reproduis à la fin de cette note. Si M. Civiale ne parvient pas à prouver qu'il a publié de quelque manière, avant cette époque, la pince à trois branches, il demeurera démontré que les instrumens dont on se sert généralement aujourd'hui, que M. Civiale a constamment employés, avec lesquels j'ai moi-même obtenu un assez grand nombre de guérisons, ont réellement été inventés par moi. Voyons donc sur quoi M. Civiale se fonde pour établir sa priorité.

Un manuscrit adressé en 1818 au ministre de l'intérieur, et le témoignage de quelques médecins, telles sont les preuves invoquées par lui. Discutons ces preuves puisque l'on m'y force. Dans son ouvrage intitulé *Nouvelles Considérations sur les rétentions d'urine*, publié en 1823, M. Civiale en avait appelé au témoignage de M. Marjolin pour constater qu'il avait dans ses leçons mentionné ses instrumens lithontriptiques. Les souvenirs du professeur n'ont pas répondu à l'attente de M. Civiale. Il en est de même pour MM. Lachaise et Buret, dont les noms ont été mis en avant dans la première et la troisième lettre sur la lithotritie; tous deux m'ont déclaré, il y a quelques années, qu'ils se rappelaient les tentatives faites pour dissoudre les calculs vésicaux, mais qu'ils ne pouvaient affirmer que M. Civiale s'occupât à la même époque du broiement de ces mêmes calculs, et à plus forte raison dire quels instrumens il avait imaginés pour cela. Le manuscrit de 1818, adressé par M. Civiale au ministre de l'intérieur, et renvoyé par celui-ci à la faculté de médecine, contient-il la preuve que M. Civiale avait à cette époque imaginé la pince à trois branches? Répéterai-je, pour démontrer le contraire, que le procès-verbal de la séance dans laquelle ce manuscrit fut présenté, ne parle que d'instrumens pour l'opération de la taille? Rappellerai-je que dans la séance de l'Académie de chirurgie du 13 février 1823, Percy, qui plus tard imposa momentanément à la lithotritie le nom de méthode Civiale, avait dit que le procédé de ce médecin consistait à envelopper la pierre d'une poche pour la dissoudre; dirai-je que ce manuscrit a perdu, par un séjour de huit années entre les mains de son auteur, tout caractère d'authenticité, et que peut-être serait-on embarrassé de le montrer aujourd'hui? Mais à quoi bon discuter sur une pièce que l'on refuse de publier, et dont le public ignore le contenu, si nous pouvons acquérir, par les ouvrages imprimés de M. Civiale, la certitude que son manuscrit, devenu invisible, ne contenait pas la description de la pince à trois branches? S'il eût imaginé, en 1818, cet appareil instrumental, il n'aurait pas manqué de le décrire dans son ouvrage publié, en 1823, sur les rétentions d'urine; cependant le texte ne parle que d'un instrument à quatre ou six branches élastiques, et les planches qui devaient en donner une idée plus fidèle ne représentent que deux appareils, l'un à deux branches garnies d'une poche pour envelopper la pierre et la dissoudre, l'autre formé de quatre branches fixées sur un tube au moyen de charnières, chaque branche formée de deux pièces également réunies par une charnière. Quant à la pince à trois branches, on ne la trouve décrite ou figurée nulle part dans ce livre, qui parut au mois de juin 1823, *c'est-à-dire deux mois après la séance dans laquelle j'avais présenté la pince à trois branches à l'Académie de chirurgie.*

Frappé de la différence qui existe entre les instrumens représentés dans la planche du livre de M. Civiale et ceux dont ce chirurgien fait usage, M. Heurteloup avait, dans sa lettre à l'Académie des sciences, en 1827, posé le dilemme suivant : « Ou bien M. Civiale se sert d'instrumens qui n'ont » point été imaginés par lui, dont il s'efforce de se » faire croire l'inventeur : ou bien, s'il les a réelle- » ment imaginés, il se trouve dans le cas d'un » médecin qui donnerait au public la recette d'une » liqueur empoisonnée, afin qu'on ne pût faire à » son imitation un breuvage bienfaisant, sur le » débit duquel il établirait les bases d'une fortune » à venir. » Pour échapper à cette alternative, M. Civiale a dit dans sa première lettre, et il répète dans celle qui vient de paraître aujourd'hui que « l'artiste chargé de graver les dessins repré-

» sentant les instrumens commit une erreur ; que » cependant on jugea qu'il était inutile de casser la » planche, puisque la gravure suffisait pour donner » une idée de l'instrument tel qu'il était d'abord. »

Voilà une explication à laquelle on ne s'attendait peut-être pas, et qui réclame un peu de bonne volonté de la part du lecteur; elle ne met cependant pas M. Civiale à l'abri des reproches que lui faisait M. Heurteloup, car ce n'est qu'au bout de quatre ans qu'il s'est avisé de signaler cette erreur; loin de moi l'idée de croire que ce silence ait été le résultat d'un calcul et non d'une négligence, mais cet oubli pouvait devenir funeste, et peut-être l'a-t-il été.

M. Civiale ajoute : « D'ailleurs le texte et l'ex» plication de la figure mettent le lecteur à même » de reconnaître facilement la faute commise par » le graveur. Or, qu'a-t-on fait? On a passé sous » silence le texte et l'explication de la planche, et » l'on a reproduit le dessin inexact ! c'est là, il faut » l'avouer, une singulière façon d'écrire l'histoire, » et d'arranger les faits pour motiver une accusa» tion. » J'ai dit plus haut que l'on ne trouve nulle part dans le texte la description de la pince à trois branches élastiques ; quant à l'explication de la figure, je viens à l'instant de la relire, et en vérité, j'affirme qu'elle ne peut convenir qu'à l'instrument tel qu'il est représenté.

Le *Traité de la Lithotritie*, publié en 1826, nous explique ce que M. Civiale prétend avoir consigné dans son manuscrit de 1818. Les instrumens, est-il dit page 27 et suivantes, étaient au nombre de trois: 1° un instrument à poche, pour dissoudre la pierre; 2° un instrument à quatre branches à double charnière; 3° un instrument à six branches élastiques. On voit qu'il n'est point encore ici question de la pince à trois branches, et qu'il y a surabondance de preuves à cet égard.

Un autre argument sur lequel M. Civiale paraît beaucoup compter pour me combattre, c'est l'aveu qui me serait échappé, dit-il, dans mon ouvrage que dans le manuscrit de 1818 j'ai rencontré l'indication d'une pince pour saisir la pierre, et d'un perforateur pour l'attaquer. Pour être tout-à-fait dans le vrai, il aurait dû ajouter que dans le même ouvrage, et sur la même page j'ai imprimé qu'en découvrant dans ce manuscrit quelques lignes, relatives au broiement de la pierre, j'avais été d'autant plus surpris, que quinze jours auparavant Percy avait lu devant moi le manuscrit, sans y rencontrer autre chose que la description d'instrumens pour dissoudre les calculs. Les aveux sont indivisibles, et puisque M. Civiale invoque mon témoignage, il est juste qu'il le subisse tout entier. Que l'on ne croie pas que j'ai attendu pour publier ces faits que Percy eût été ravi à la science ; je les ai consignés dans une lettre imprimée que j'ai fait distribuer à l'Académie des sciences dans la séance qui suivit la lecture du rapport. L'illustre Percy n'a pas nié l'exactitude de mon récit ; il a seulement annoncé des explications qui n'ont jamais été données.

De ce que je viens de dire dans cette réponse il résulte : 1° que le manuscrit de 1818 n'est point un titre, puisque, par le défaut de publicité, son contenu est ignoré, et que son identité ne saurait être constatée ; 2° que les ouvrages publiés en 1823 et 1826 par M. Civiale démontrent jusqu'à l'évidence que, en admettant que ce chirurgien ait songé avant 1823 à quelque procédé de broiement de pierre, il n'a pas du moins inventé la pince à trois branches, appareil qui, le premier, a rendu la lithotritie praticable, et que j'ai présenté à l'Académie de chirurgie au mois d'avril 1823. Dans cette hypothèse, qui est la plus favorable, M. Civiale se trouverait dans le cas de MM. Gruithuisen et Eldgerton, qui proposèrent, l'un en 1813, l'autre en 1819, des procédés défectueux, et dont l'effet ne fut pas tenté. Il importerait peu, comme l'on voit, pour la question de la pince à trois branches, que le nom de M. Civiale apparût en 1818 ou en 1823 ; mais comme son manuscrit de 1818 n'a jamais vu le jour, j'ai cru ne pouvoir, dans mon tableau historique de la lithotritie, faire arriver son nom qu'en 1823, c'est-à-dire à l'époque de sa première publication. J'en ai agi de même à l'égard de M. Fournier de Lempdes; car M. Fournier aussi a des certificats à produire, et il prétend remonter, non pas à 1818 seulement, mais à 1812. Je ne l'ai cependant placé sur mon tableau qu'en 1829, époque à laquelle ses instrumens, inapplicables comme ceux de MM. Civiale, Gruithuisen, Eldgerton, ont acquis par la publication une date certaine.

C'est d'après la connaissance et l'examen des faits que je viens d'exposer, que l'Académie des sciences a constamment, depuis 1825, décidé en ma faveur, à l'occasion des prix Monthyon, la question de l'invention des instrumens lithotribes. Je vais retracer le texte des divers rapports: le public médical, auquel je viens de soumettre les pièces du procès, connaîtra également par là les jugemens auxquels il a donné lieu.

Le rapport pour l'année 1825 s'exprime dans les termes suivans :

« Sans décider ici positivement du droit de l'in-
» vention, la commission a chargé son rapporteur
» de citer honorablement les noms de MM. Amus-
» sat, Leroy (d'Étiolles), et Civiale; ce dernier
» comme ayant pratiqué avec succès quelques opé-
» rations de broiement de pierre sur le vivant; le

» premier pour avoir mieux fait connaître la struc-
» ture de l'urètre, qui permet l'action libre des
» instrumens; et le second, *pour les avoir imagi-
» nés, les avoir fait exécuter, et pour avoir fait con-
» naître successivement les perfectionnemens que ses
» essais lui ont suggérés.*

En 1826, le programme des prix contenait les expressions suivantes :

» L'Académie accorde une récompense de 2000 f.
» à M. Leroy (d'Étiolles), qui a publié en 1825 un
» ouvrage sur le broiement de la pierre dans la
» vessie, et qui a *le premier en* 1822 *fait connaître
» les instrumens qu'il avait imaginés, et qu'il a de-
» puis essayé de perfectionner.*

M. Civiale prétend que le programme des prix porte : *L'instrument qu'il avait inventé* : il est dans l'erreur à cet égard. Il y a dans le rapport et dans le programme des prix : « *les instrumens qu'il avait » imaginés.* »

Enfin en 1828 la commission des prix s'exprimait ainsi à l'occasion de l'un des perfectionnemens apportés par M. Heurteloup : « L'idée pre-
» mière de ce procédé d'évidement appartient à
» M. Leroy *déjà connu de l'Académie comme le prin-
» cipal inventeur des instrumens lithotriteurs.* »

Ces paroles si claires, si positives, tracées à trois reprises et à différentes époques dans les rapports solennels de l'Académie des sciences, semblaient devoir terminer toute discussion, et réduire M. Civiale au silence; mais il trouve un dernier argument dans ces décisions mêmes : J'ai reçu, dit-il, en 1826, une récompense de six mille francs, et en 1827 un grand prix de chirurgie de dix mille francs, tandis que M. Leroy n'a obtenu de l'Académie que de simples encouragemens. « *Comment concevoir que, sur trente mille* » *francs qui ont été décernés en récompense des tra-* » *vaux relatifs à la lithotritie, le principal inventeur* » *de cette méthode n'eût reçu que quatre mille francs* » *à titre d'encouragement?* »

Il est très vrai que M. Civiale a reçu de l'Académie seize mille francs comme encouragement et comme prix, et je pense que ce corps illustre a sagement fait de lui décerner ces récompenses; mais il n'a pas manqué, en les lui donnant, d'en spécifier les motifs, et de dire que c'était pour avoir *le premier pratiqué avec succès, sur l'homme vivant, l'opération de la lithotritie.*

Il est encore vrai, comme le dit M. Civiale, que je n'ai reçu de l'Académie que de simples encouragemens; mais cela peut-il en rien changer la signification des expressions qu'elle a employées pour caractériser mes travaux? En sera-t-il moins établi qu'en 1825 elle m'a proclamé l'inventeur des instrumens qui servent à l'opération du broiement, qu'elle l'a redit en 1826, qu'elle l'a répété en 1828? S'il y a quelque contradiction apparente entre l'importance du titre qu'elle m'a reconnu, et la valeur des récompenses qu'elle m'a décernées, j'ai eu assez le sentiment des convenances pour ne pas le publier. Il m'eût été permis, peut-être, de demander à l'Académie des sciences, en invoquant ses décisions précédentes, d'accorder au principal inventeur de la méthode un prix égal à celui qu'elle avait décerné pour la première application ; cependant je ne l'ai pas fait, et jamais une plainte ne m'est échappée en public à cet égard. C'est aux membres de l'Institut, qui ont entre les mains les moyens de faire disparaître la disproportion dont M. Civiale ne rougit pas de se faire une arme, qu'il appartient de statuer sur une circonstance qui ne manquera pas de se reproduire à chaque concours, jusqu'à ce qu'elle ait obtenu une solution.

IMPRIMERIE DE LACHEVARDIERE,
RUE DU COLOMBIER, N° 30.

www.ingramcontent.com/pod-product-compliance
Ingram Content Group UK Ltd.
Pitfield, Milton Keynes, MK11 3LW, UK
UKHW021020220726
13924UKWH00001B/102